Avec amour pour mon pingouin - M.R

Il était une fois, sur une île bien éloignée,
un pingouin nommé Rocket, qui avait un secret bien gardé.

Rocket aimait surfer sur la mer agitée;
petit et agile, il glissait sans tomber.
Sur son île, tous les jours, le soleil brillait,
pendant que Rocket, lui, s'amusait.

Ses amis aimaient le poisson salé,
Rocket préférait les mangues sucrées.
Ses compagnons se régalaient de leurs pêches habituelles;
il cherchait des fruits, d'une saveur des plus exceptionnelles.

Tandis que ses amis pêchaient sans répit,
Rocket surfait, heureux et épanoui.

Voyageant partout au monde avec sa planche,
Rocket devint une star du surf, remportant toutes les manches.
Pendant que ses amis savouraient les trésors de la mer,
il glissait sur les vagues, libre et fier.

Un jour tragique, pratiquant son sport favori,

Rocket se blessa à l'aile, et cette douleur l'affaiblit.

De retour sur son île d'amour,

il pleurait, tellement son cœur était lourd.

*Le pingouin ne pouvant plus surfer en mer,
décida de poursuivre son rêve le plus cher.*

Il quitta son île, sa maison adorée,

pour rejoindre l'école des flamants roses, là où il n'était jamais allé.

Il rêvait de voler, de toucher les cieux,

avec ses ailes de pingouin, brisant les préjugés de nombreux.

Les professeurs de l'école le firent pleurer...

« Cher Rocket, tu ne peux pas voler, il te faut l'accepter. »

Le pingouin, triste, rempli de questions :

« Pourquoi je ne peux pas voler, comme les oiseaux en formation. »

*Il se mit à lire des livres, jour et nuit, sans arrêt,
pour prouver à tous qu'il volerait.
Il inventa des ailes avec grande précision,
pour conquérir le ciel et réaliser sa vision.*

Les élèves se moquaient et taquinaient leur ami,

Rocket les surprit, leur prouvant qu'ils s'étaient trompés sur lui.

Avec ses propres ailes, il s'envola tel un oiseau,

le plus rapide de tous, touchant les arcs-en-ciel là-haut.

De retour sur son île, courageux et victorieux,
Rocket raconta à ses amis ses exploits précieux.
« Découvrez vos passions et suivez vos rêves les plus fous,
chérissez votre personne, pour une vie à votre goût. »

L'histoire de Rocket se répandit sur tous les océans,

un pingouin devenu flamant, se régalant de mangues et volant librement.

Ses rimes résonnèrent, inspirant les amis lointains,

à être fidèles à leurs rêves et à suivre leur instinct.

Fin

www.ingramcontent.com/pod-product-compliance
Lightning Source LLC
Chambersburg PA
CBHW041540040426
42446CB00002B/173